E
F
G
L
N
M
O
T
S
Y
U
X
Z

Liebe erwachsene (Vor-)Leser*innen!

Lesen regt die Fantasie an und hilft beim Erfassen der Welt. Lesen erweitert den Horizont. Lesen verbindet. Lesenlernen ist deshalb eine spannende Erfahrung, vielleicht sogar eine der prägendsten im Leben. Wenn sich nach und nach Laute und Buchstaben sinnvoll aneinanderreihen und der Text im Kinderbuch plötzlich mehr ist als geheimnisvolle Zeichen, dann ist das eines der ganz großen Erfolgserlebnisse. Aber: Der Prozess des Lesenlernens ist durchaus anstrengend. Umso wichtiger ist es, Kindern behutsam und mit möglichst viel Spaß das Reich der Buchstaben näherzubringen. Das gelingt mit der Lesezug-Reihe!

In je vier Kapiteln werden kindgerechte Geschichten erzählt und dabei die Textmenge kontinuierlich gesteigert. Somit wird die Motivation der Kinder, selbstständig zu lesen, angeregt.
Die großflächigen Illustrationen unterstützen das Textverständnis und steigern die Lesefreude. Die bunten Belohnungssticker, die nach jedem gelesenen Kapitel eingeklebt werden können, tragen zum Lesevergnügen und zur Lesemotivation bei – und beides führt zu mehr Lesekompetenz!

Viel Freude beim Vorlesen und miteinander Lesen wünschen
das Team des Österreichischen Buchklubs der Jugend
sowie das G&G Verlagsteam
www.buchklub.at
www.ggverlag.at

Michaela Holzinger

Du schaffst das, Tobi Traktor!

Mit Illustrationen von

Herwig Holzmann

Von Michaela Holzinger im G&G-Lesezug weiters erschienen:
„Bobbi Bär und Doddi Dachs", Lesezug Vor- und Mitlesen, ISBN 978-3-7074-2317-4
„Sch, sagt der Elefant", Lesezug Vor- und Mitlesen, ISBN 978-3-7074-2031-9

MIX
Papier aus verantwortungsvollen Quellen
FSC® C014138

www.ggverlag.at

www.lesezug.at

ISBN 978-3-7074-2631-1
2. Auflage 2025
Text: Michaela Holzinger
Illustration: Herwig Holzmann
Lektorat: Ricarda Grasser
Vor- und Nachsatz-Vignetten und Reihenlogo: Carola Holland
Druck und Bindung: Finidr, s.r.o., Lipova

Inhalt

Was Tobi Traktor kann

Bauer Rübe hat Glück.

Er hat Tobi Traktor.

Tobi Traktor kann vieles:

Die Wiese mähen.

Die Kühe füttern.

Den Mist wegschieben.

Nur das kann Tobi nicht:

Den Kipper ziehen.

Dafür ist Tobi zu klein ...

... oder der Kipper zu groß.

Manni kommt

Heute ist ein besonderer Tag
auf dem Bauernhof.

Der dicke Manni kommt.
Er ist ein Mähdrescher.

Manni erntet das Getreide auf dem Feld im Nu.

Dann spuckt er alles in den großen Kipper.

Doch Tobi Traktor ist zu klein
für den Kipper. Was nun?

„Ich leihe mir Turbo aus", sagt Bauer Rübe und geht los.

Turbo ist ein großer Traktor.
Er wohnt bei Bäuerin Gurke.

„Und was ist mit mir?“,
schnieft Tobi Traktor traurig.

Knatter-Ratter-Rumms

Am Abend füttert Bauer Rübe die Kühe. Doch Tobi Traktor macht komische Geräusche.

Und komische Sachen.
Er ruckelt. Er zuckelt.
Dann bleibt er stehen.

„Nanu!“, ruft Bauer Rübe.
„Bist du kaputt? Und wer
soll mir jetzt helfen?“

Bauer Rübe fällt nur eine Lösung ein. Er holt wieder Turbo Traktor.

„Das ist leicht", sagt Turbo
und gibt Vollgas.
BRÄMM-BÄMM!

Ups! Oder doch nicht?
Turbo kann vieles. Vor allem schwere Dinge schleppen.

Für den Kuhstall ist er aber zu groß. Er passt nicht durch das Tor.

„Tobi", ruft Kuh Grete,
sie hat hier das Sagen.
„Nur du kannst uns füttern!"

Tobi Traktor staunt.
Er kann etwas, das der große
Turbo Traktor nicht kann?

Na klar! Weil er klein ist.
Da hört das Stottern auf.
Brummi-Brumm!

Klein und Groß

Flink füttert Tobi Traktor
die hungrigen Kühe.
„Wie gut, dass ich dich habe",
sagt Bauer Rübe.

Nach der Stallarbeit bringt er Turbo Traktor wieder nach Hause. Bäuerin Gurke wartet schon auf ihn.

„Ich habe ein Problem", sagt
Bäuerin Gurke zu Bauer Rübe.
„Ich will einen Baum pflanzen.
Doch Turbo ist dafür zu groß.

Und auch zu schwer.
Er würde den Rasen kaputt machen."
Da hat Bauer Rübe die Idee!

„Nimm einfach Tobi!", sagt Rübe. Gurke ist begeistert. Mit Tobi Traktor geht es leicht. Doch jetzt ist Turbo traurig.

Tobi Traktor weiß ganz genau,
wie sich das anfühlt.
Darum dreht er sich zu Turbo
und verrät ihm ein Geheimnis:

„Du machst große Sachen.
Ich mache kleine Sachen.
Das ist gut. Gemeinsam
können wir alles schaffen."

Da kann Turbo wieder knattern. „Du hast recht", ruft er. „Jeder ist stark auf seine Weise!" „Genau", brummt Tobi.

BRUMMI STARK

Alle Lesezug-Bücher finden Sie unter

www.lesezug.at

1. Klasse

ISBN 978-3-7074-2672-4
1. Klasse

ISBN 978-3-7074-1999-3
1. Klasse

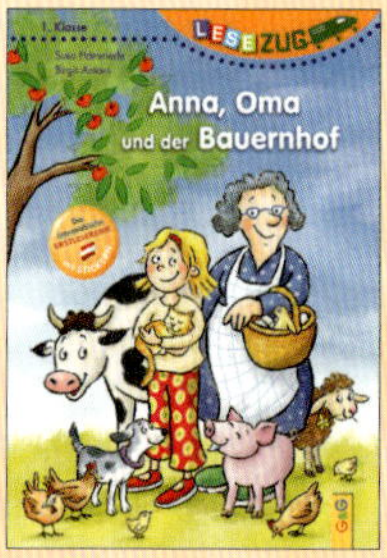

ISBN 978-3-7074-2125-5
1. Klasse

ISBN 978-3-7074-2632-8
1. Klasse

ISBN 978-3-7074-2033-3
1. Klasse

ISBN 978-3-7074-2468-3
1. Klasse

Ein Satz pro Seite
im 1. Kapitel

Zwei Sätze pro Seite
im 2. Kapitel

Drei Sätze pro Seite
im 3. Kapitel

Vier Sätze pro Seite
im 4. Kapitel

Der neue LESEZUG
mit Stickerbogen!

Am Ende jedes Kapitels
wird ein Sticker eingeklebt.
Damit wird das Lesen
zu einem interaktiven Erfolgserlebnis!

2. Klasse – Lesestufe 1

ISBN 978-3-7074-2673-1
2. Klasse – Lesestufe 1

ISBN 978-3-7074-2634-2
2. Klasse – Lesestufe 1

Der neue Lesezug für die 2. Klasse - Lesestufe 1

Der Lesezug berücksichtigt, dass Kinder unterschiedlich weit in ihrer Lesefertigkeit sind, und bietet daher nun eine weitere Lesestufe an, um individuelle Lernfortschritte optimal zu begleiten.

Berücksichtigung der individuellen Lesefähigkeiten

Angemessene Textlänge für den Lernfortschritt
75 Wörter pro Doppelseite und ca. 230 Wörter pro Kapitel

Reichhaltige Illustrationen für mehr Lesefreude

Mit Stickern zum Sammeln und Einkleben
Mit jedem Sticker markieren die Kinder ihren Fortschritt, erleben Erfolgsmomente und haben jede Menge Spaß beim Gestalten ihres eigenen Bücherabenteuers.

H
B
C
I
A
D
Q
P
J
R
K
V
W